AF245368

L 27
n
23.341.0

JEAN ERBE

LÉGENDE STRASBOURGEOISE DU 14e SIÈCLE

PAR

CHARLES DUBOIS.

STRASBOURG

IMPRIMÉRIE CHRISTOPHE, GRAND'RUE, 136.

1865.

JEAN ERBE

LÉGENDE STRASBOURGEOISE DU 14e SIÈCLE

PAR

CHARLES DUBOIS.

STRASBOURG

IMPRIMERIE CHRISTOPHE, GRAND'RUE, 136.

1865.

JEAN ERBE.

LÉGENDE STRASBOURGEOISE DU 14ᵉ SIÈCLE.

I.

Il est des pays, entre tous privilégiés, qui, d'un bout à l'autre de l'année, jouissent d'un climat agréable. Ces régions fortunées sont rares, et, dans la plupart des contrées du monde, on ne doit point s'estimer à plaindre, lorsque, dans une année tout entière, on rencontre quelques beaux mois. Pour l'Alsace, ces mois heureux sont ordinairement ceux du commencement de l'automne. Lorsque le reste de la France se couvre déjà des brumes qui annoncent l'hiver ; lorsque, dans la riante Touraine elle-même, les feuilles sont tombées, l'Alsace est verdoyante encore et son ciel est souvent d'une clarté limpide qui surpasse celle des plus belles journées d'été ; la salubre et délicieuse fraîcheur, qui règne alors dans l'atmosphère, ajoute à ces délicieuses journées d'automne un charme, que l'été ne connaît pas. Heureuse époque pour les chasseurs, les touristes et les amoureux, pour quiconque enfin aime à associer la nature à ses joies !...

Par une douce soirée de cette saison bénie — il y a
de cela bien longtemps, je l'avoue, — mais les plus
vieilles histoires ne sont pas les moins curieuses, — un
voyageur s'avançait lentement sur la route qui conduit
de Strasbourg à Drüsenheim, en longeant le Rhin.

C'était un homme dans toute la force de l'âge ; à
peine paraissait-il avoir trente-cinq ans. Sa jaquette
de drap brun et grossier, son bonnet d'une fourrure
peu coûteuse, tout son costume enfin semblait annoncer qu'il appartenait à la classe des cultivateurs aisés
de cette époque. Mais la manière même dont il portait
ce costume donnait aussitôt un démenti à cette première supposition. Il était grand, bien fait, robuste, et
se dressait fièrement comme un homme accoutumé à
porter les armes. Une indomptable énergie se lisait
sur son mâle visage, et son œil noir lançait des éclairs.

La route, sur laquelle il cheminait, était bordée à
gauche par une haute et sombre forêt ; à droite, de
vastes champs s'étendaient jusqu'au fleuve. De loin en
loin, au milieu de cette plaine, on voyait s'élever des
fermes, sur lesquelles la nuit répandait ses premières
ombres ; le tableau n'était animé que par quelques
laboureurs qui ramenaient leurs attelages et, pour se
distraire, chantaient une complainte monotone.

Le voyageur considérait toutes ces choses avec un
œil attentif, tour à tour s'arrêtant pour jeter un long
regard sur les objets qui l'entouraient ; puis, reprenant
sa marche en baissant la tête, comme un homme qui
réfléchit. Volontiers on l'eût comparé au général qui
fait une excursion à travers le pays ennemi, et, obser-
vant tous les détails, cherche à les graver dans sa mé-
moire, pour les y retrouver plus tard et s'en servir.

Il était ainsi arrivé à quelques centaines de pas du
village. A sa droite s'élevait une ferme plus grande

que celles qu'il avait rencontrées jusque-là : son aspect était riant et donnait à penser qu'elle appartenait à un riche propriétaire. A côté du grand bâtiment, où logeaient les gens chargés de l'exploitation, on voyait une jolie maison blanche entourée de murs : un jardin, soigneusement entretenu, s'étendait devant elle. De ce jardin partait une longue allée d'arbres qui se prolongeait jusqu'à la route.

En passant devant cette double rangée de grands chênes, au-dessus desquels l'ombre s'épaississait déjà, le voyageur entra dans l'allée déserte et se dirigea du côté de la maison. Il put, sans être remarqué, s'avancer ainsi jusqu'à un large fossé qui séparait l'allée du jardin : un petit pont-levis, en ce moment abaissé, les faisait communiquer ensemble. Au moment où le voyageur s'arrêtait, se demandant s'il allait ou non franchir le pont, une jeune fille de vingt ans environ, que les arbres du jardin lui avaient cachée jusqu'alors, apparut devant lui, de l'autre côté du fossé. Elle portait le costume simple et gracieux des filles de la riche bourgeoisie strasbourgeoise, une robe de drap fin, serrée par une ceinture élégante autour de la taille et dont les plis nombreux descendaient jusqu'à terre.

L'œil perçant du voyageur se fixa aussitôt sur elle, et, à mesure qu'il la considérait, son regard semblait s'adoucir. On eût dit que la soudaine apparition de cette jeune et belle femme l'avait fasciné. Et vraiment son admiration se comprenait aisément, tant il y avait d'étranges rapports entre la beauté de ces deux êtres, que le hasard venait de mettre inopinément en présence. C'étaient en vérité deux beautés de même famille.

Pareille à l'homme qui se tenait debout devant elle, la jeune fille était grande et admirablement faite :

comme lui, elle se dressait fièrement et portait haut sa belle tête ; comme lui, elle promenait son regard sur toutes choses, sans arrogance, mais sans timidité. Ce que l'on remarquait d'abord dans cet ovale pur et allongé, c'étaient deux beaux yeux noirs et brillants ; avant que la bouche ne se fût ouverte, ils faisaient pressentir la pensée. A cela se joignaient toutes les grâces féminines dans ce qu'elles ont de plus séduisant, et les beaux cheveux dorés qui encadrent le visage, et la blancheur du teint, et la douceur du sourire, et la souplesse des mouvements. Ce qui dominait cependant dans cette rare beauté, c'était un certain cachet de noblesse et de fierté, admirablement fait pour séduire le cœur d'un guerrier.

Au bout de peu d'instants, l'attention avec laquelle le voyageur la considérait, sembla déplaire à la jeune fille, plutôt qu'elle ne l'embarrassait :

— Que désirez-vous ? lui demanda-t-elle d'une voix harmonieuse et forte.

— Rien, répondit-il d'un air distrait et sans discontinuer son examen. Je reviens de Strasbourg et je me rends chez moi à quelques lieues d'ici... La soirée est belle, je ne suis pas pressé... Tout en cheminant, j'ai l'habitude de regarder ce qui se trouve sur ma route... Votre maison m'a paru belle ; j'ai voulu la considérer de plus près, je ne m'attendais pas à trouver ici quelque chose de plus séduisant que la maison elle-même...

Cette réponse fut faite d'un ton calme et avec une apparence de bonne foi entière. Néanmoins la jeune fille commençait à concevoir des soupçons sur cet étranger, si curieux et si prompt à faire des compliments aux dames. Une circonstance particulière rendait cette inquiétude fort explicable: une vague terreur régnait dans le pays qui tremblait alors au seul nom d'un seigneur des environs, appelé Jean Erbe. Ce dangereux voisin, pour se venger des Strasbourgeois, dont il prétendait avoir à se plaindre, parcourait les routes, durant la nuit, tuant et dévalisant les gens qui se rendaient à la ville ou qui en venaient.

— Si vous habitez à si peu de distance, demanda la jeune fille, comment se fait-il que vous ayez attendu si longtemps pour remarquer la maison de mon père?

— Je ne suis fixé dans ce pays que depuis quelques mois, répondit l'étranger, sur ce même ton de bonhomie qui lui paraissait habituel... J'ai éprouvé des malheurs dans ma patrie; c'est ce qui m'a déterminé à venir m'établir par ici.... J'ignore même le nom de votre famille... Si je ne me trompe, votre père doit être un des plus riches bourgeois de la ville, un maître-pelletier, si mes souvenirs me servent bien?...

— Non, un tanneur et le chef de sa corporation.... Tout le monde connaît Fischer à Strasbourg.

La jeune fille s'arrêta soudain : un mouvement d'orgueil filial lui avait fait commettre une indiscrétion qu'elle regrettait déjà.

D'autre part, en entendant prononcer ce nom, le front de l'étranger s'était rembruni ; mais, avant que ce nuage pût être aperçu, il avait redonné à ses traits leur calme habituel.

— Un noble nom ! dit-il d'un ton convaincu... Est-il ici en ce moment ?

— Oui, répondit la jeune fille avec une impatience évidente... Et comme je soupçonne que vous avez encore beaucoup de questions à m'adresser; mon père y répondra mieux que moi, je vais le chercher.

Ce disant, elle s'en alla d'un pas rapide.

L'étranger resta quelques instants, immobile, séduit

par la grâce et la fierté de celle qui venait de le quitter.
Mais bientôt il releva la tête, et, ne jugeant sans doute
pas à propos d'attendre l'arrivée de Fischer lui-même,
il s'éloigna d'un pas précipité, enveloppé tout entier
par l'ombre toujours croissante.

Quand il eut regagné la route, il continua de s'y
avancer d'une marche rapide, jusqu'à qu'il fut arrivé
au pied d'un chêne gigantesque dont le tronc avait été
sillonné par la foudre.

Là il s'arrêta, tira de son vêtement un petit cornet
métallique qu'il approcha de ses lèvres: trois fois un
sifflement aigu retentit au milieu du silence du soir;
à peine le dernier appel avait-il résonné, un cavalier
sortit de dessous le feuillage, revêtu d'une cotte de
mailles et tenant en laisse un grand cheval noir. L'é-
tranger saisit l'animal par la crinière, s'élança d'un
bond sur son dos et disparut au galop, suivi de son
compagnon.

Quelques instants après, le silence et la solitude ré-
gnaient de nouveau dans ces lieux; on voyait seulement errer au loin quelques torches, portées par les
gens que Fischer avait envoyés à la recherche du mys-
térieux personnage dont il ne pouvait s'expliquer les
allures inquiétantes.

II.

Combien eût redoublé le trouble de Fischer, s'il
avait pu découvrir que l'homme avec lequel sa fille venait de s'entretenir n'était autre que Jean Erbe lui-
même, Jean, l'ennemi déclaré de Strasbourg et surtout
de ses magistrats !

Voici en quelques mots les causes de cette animo-

sité profonde, qui remontait seulement à quelques se-
maines. Dès le 14e siècle, c'était un titre glorieux et re-
cherché que celui de bourgeois de la ville libre. Les
habitants de la vallée du Rhin l'ambitionnaient tout autant que ceux des anciennes villes d'Italie ambitionnaient jadis le droit de cité romaine. Le père de Jean
Erbe avait obtenu ce titre en récompense de services
rendus par lui à la ville, et son fils en était fier, bien
qu'il affectât d'y attacher peu d'importance, imitant en
cela l'exemple de plusieurs autres seigneurs qui fei-
gnaient de le dédaigner et auraient été très-affligés de
le perdre.

Or, il arriva cette année-là, en 1384 si je ne me
trompe, que les magistrats de la ville résolurent d'ex-
pulser de la nombreuse confrérie des bourgeois un certain nombre de membres qui s'étaient rendus indignes
d'y figurer, les uns ne remplissant pas les charges que
ce titre imposait, et d'autres ayant commis quelques
actions qui méritaient d'être punies. Ordre fut donc
donné à tous les bourgeois de Strasbourg, hommes du
peuple et seigneurs, de se présenter devant les chefs
de la cité, pour faire vérifier leurs titres et les voir
confirmer ou annuler, selon qu'ils l'auraient mérité.

Jean Erbe, dont la fortune était modeste, vivait alors
retiré dans son château de Herrlisheim ; ce fut là qu'il
reçut la sommation de se rendre à Strasbourg pour le
jour fixé.

Si le patrimoine de Jean était étroit, son orgueil,
tout au contraire, était immense.

— Hé ! quoi, s'écria-t-il, quand on lui lut cet ordre,
ces pelletiers et ces tanneurs osent me sommer de
comparaître devant eux !.... Moi, fils d'un homme qui
leur a rendu service, moi, dont la noblesse remonte à
dix générations !... Et qu'ont-ils donc à me deman-

der?... Si je suis digne de figurer dans leur société ?...
Plaisante question ! comme si ce n'était pas à eux de
me rendre grâces pour l'honneur que je leur fais en
tolérant qu'ils inscrivent mon noble nom sur le même
livre que les leurs !.... Jacques, dit-il, en se tournant
vers un clerc qui lui servait de secrétaire, car il eût
cru déroger en apprenant à écrire, ces petites gens ont
perdu la tête... faites-leur savoir que Jean Erbe ne se
déplacera pas pour obéir à leurs caprices.

Le docile Jacques prit la plume, et de sa plus belle
main, il écrivit aux magistrats de Strasbourg une lettre
passablement insolente, dont la lecture lui attira force
applaudissements de la part de son maître.

Quand l'arrogante missive fut communiquée au sénat
de la fière cité, elle y excita une indignation si géné-
rale et si vive que le nom de Jean Erbe fut immédiatement rayé de la liste des bourgeois et, pour que le
châtiment devînt encore plus exemplaire, il lui fut interdit de franchir les portes, avant dix années révolues.

Lorsque son secrétaire donna lecture de ce double
arrêt à Jean Erbe, celui-ci entra dans une colère terrible.
Il ne parlait de rien moins que de former une armée,
composée de gens sans aveu qui marodaient à vingt
lieues à la ronde et d'aller avec eux saccager la ville ;
mais l'argent lui manquait et l'audace peut-être. Cette
première explosion de fureur se calma peu à peu ; re-
nonçant à une éclatante vengeance, qui lui parut déci-
dément au-dessus de ses forces, il se promit du moins
de faire payer en détail et chèrement la double insulte
que la ville lui avait faite.

Des gens, envoyés par lui dans les environs, y enrô-
lèrent un certain nombre d'hommes prêts à tout oser.
Le château de Herrlisheim devint le repaire de ces
bandits ; on répara le donjon, on agrandit les fossés,

et, chaque soir, sous la conduite du chef ou de l'un de ses fidèles, une petite troupe sortait et allait traîtreusement attendre et assassiner les Strasbourgeois attardés sur les routes.

Ces actes de vengeance sournoise et cruelle, racontés à la ville, y firent germer contre Jean une indignation chaque jour plus grande. Pour lui, toujours emporté par la fureur, il prenait goût à ce métier de brigand, qui convenait à sa violente nature. Peu à peu ces assassinats isolés ne lui suffirent plus, et, quelques nouvelles recrues s'étant jointes à ses anciens compagnons, il résolut de se venger d'une manière plus éclatante, en tentant un coup de main hardi sur quelqu'une des riches métairies strasbourgeoises situées dans le voisinage de son château.

Mais, avant de rien entreprendre, il voulut explorer lui-même le pays, pour y choisir sa proie tout à son aise. Tel était le motif de la course qu'il faisait, au moment où nous l'avons montré, s'avançant seul et déguisé sur la route de Drüsenheim.

Par un regrettable hasard, il se trouva que la maison de Fischer, en face de laquelle il s'arrêta, était précisément celle qui devait le plus raviver sa rancune. L'acte de bannissement était signé de ce nom, et Jean Erbe ne l'avait point oublié. Ceci explique suffisamment le mouvement de colère qu'il n'avait pu réprimer, lorsque la fille du bourgeois avait prononcé devant lui le nom de son père.

Et pourtant, lorsque Jean rentra ce soir-là dans son château, deux sentiments tout différents se partageaient son âme et la jetaient dans un trouble difficile à décrire.

La perspective de se venger d'un ennemi et d'ajouter une nouvelle page à l'histoire des représailles qu'il exerçait contre la ville le remplissait de joie. Mais, entre le meurtrier et la victime, un obstacle inattendu se dressait. La beauté de Marie avait produit sur Jean une impression qu'il n'avait pas ressentie jusqu'alors. Il aimait... et, chose étonnante, il se mêlait à cet amour un respect qu'il ne pouvait rejeter de son cœur... Allait-il donc renoncer à sa vengeance pour lui plaire? Allait-il, comme premier gage d'amour, venir déposer à ses pieds la double rancune qu'il avait nourrie jusque-là contre Strasbourg et contre l'homme qui avait apposé son nom au bas du décret de bannissement prononcé par la ville?... Seul, se promenant dans la vaste salle où personne n'aurait osé venir troubler ses méditations, Jean chercha longtemps le moyen de concilier ces deux sentiment divers... Enfin il crut l'avoir trouvé.

— Appelle Frédéric, dit-il au garde qui se tenait à la porte.

Frédéric arriva presqu'aussitôt. C'était un beau jeune homme, à peine âgé de dix-huit ans. Sa mère, la sœur de Jean, avait épousé un vieux seigneur qui demeurait de l'autre côté du Rhin. Veuve depuis quelques années, elle avait envoyé son fils auprès de son oncle, pour qu'il se formât, sous sa direction, dans le métier des armes. La bonne chatelaine le mettait ainsi à une triste école. On peut dire cependant, pour l'excuser, qu'elle ne pouvait s'attendre à ce que son frère, jusque-là grand chasseur, mais fort paisible, se porterait un jour aux excès par lesquels il déshonorait alors son nom. Joignons à cela que l'on s'aveugle aisément sur les défauts des siens.

Frédéric, compagnon et confident de Jean, ne put se soustraire entièrement à l'influence dangereuse que son oncle exerçait sur lui; il devint violent, querelleur, et, partageant tous les préjugés de son terrible parent, se fit son associé dans les vengeances qu'il exerçait contre une ville à l'égard de laquelle son oncle lui avait inspiré le même mépris, la même rancune dont il était animé lui-même.

Toutefois une détestable éducation ne saurait vicier entièrement une belle nature ; Frédéric était resté aimant et généreux. Sous la rude écorce de ce jeune bandit, un œil exercé eût découvert les qualités qui eussent pu faire de lui un honnête et galant chevalier.

— Frédéric, lui dit Jean, toutes mes dispositions sont arrêtées... Nous avons assez tué de Strasbourgeois sur les grandes routes. L'heure de ces faciles vengeances est passée ; il faut maintenant effrayer la ville par des coups plus terribles... Elle a dédaigné mon amitié : elle tremblera devant ma haine... Cette nuit même, un de ces fiers bourgeois va en éprouver les effets, et nul ne devait en effet les ressentir avant lui ; car c'est lui qui a signé l'acte maudit dont chaque mot sera payé par la mort d'un homme. Qu'on se tienne prêt à partir pour dix heures ! Nous irons piller sa métairie, et lui-même en sera témoin : il y est....

Frédéric allait sortir : Jean l'arrêta d'un geste et ajouta, non sans quelque embarras :

— Ce Fischer n'est pas seul dans sa maison ; sa fille y habite en ce moment avec lui. On s'assurera de l'un et de l'autre, c'est assez. Je défends qu'il leur soit fait aucun mal.

Frédéric sortit, sans faire d'observation : son oncle l'avait accoutumé à une obéissance passive. Mais il n'est pas aussi facile d'arrêter la pensée de l'homme que d'enchaîner sa langue et, tout en se retirant, le jeune homme se faisait mille questions au sujet de cette femme à laquelle son oncle semblait prendre un intérêt si vif....

Cependant l'ordre du chef avait été transmis, et la petite troupe attendait Jean dans la cour du château. Il parut enfin, armé de pied en cap et donna le signal du départ. Il marchait en tête et Frédéric s'avançait à côté de lui, sans oser lui adresser la parole.

Ils cheminaient, depuis un temps assez long, lorsque Jean montrant à son neveu le vaste bâtiment de la métairie que la lune inondait de ses rayons :

— C'est là, dit-il ; rendons-nous maîtres de la grande maison d'abord, et que ce soit vite fait.

Puis, se tournant vers ses hommes !

— Point de quartier ! dit-il, sauf pour ceux que j'ai défendu de toucher... Malheur à quiconque me désobéirait !

III.

Tandis que ses gens étaient occupés à la recherche de l'étrange visiteur qui avait effrayé sa fille, Fischer la pria elle-même de lui tracer de cet homme un portrait aussi fidèle que possible. Marie le fit du mieux qu'elle put, l'obscurité ne lui ayant pas permis d'observer Jean comme elle l'eût fait en plein jour. Toutefois, le signalement qu'elle donna était suffisant pour que Fischer ne doutât pas qu'elle n'eût eu affaire au terrible seigneur lui-même.

Peut-être était-il venu ici, pensa-t-il, pour me surprendre seul et m'ajouter à la liste de ses victimes. Cette idée lui fit adopter la résolution de se tenir exactement sur ses gardes et de renvoyer sa fille à Strasbourg dès le lendemain.

Cependant, s'il redouta pour Marie et pour lui les embûches perfides que Jean pouvait leur tendre, il demeura sans crainte, en ce qui concernait la sécurité de sa maison, rien ne lui faisant supposer que Jean pût arriver à ce degré d'audace d'attaquer une ferme habitée par des hommes robustes et nombreux.

Quant à Marie, l'inquiétude qu'elle avait ressentie au premier abord fut dissipée par une autre pensée. Le lendemain était un dimanche et, ce jour-là, de bon matin, elle attendait la visite d'un jeune homme qu'elle aimait depuis quelques années et avec lequel elle devait se marier aux prochaines fêtes de Noël. Ce jeune homme se nommait Carl et était le neveu de Fischer, qui se reposait en grande partie sur lui du soin de conduire son vaste commerce.

La soirée se passa donc assez tranquillement, et tout dormait depuis longtemps d'un sommeil paisible et profond, quand ce sommeil fut brusquement interrompu par les aboiements des chiens, qui donnaient l'alarme de plusieurs côtés à la fois.

Fischer n'avait pas encore eu le temps de se vêtir, lorsque l'on entendit un épouvantable tumulte du côté de la ferme. Les portes retentissaient sous les coups des haches ; ce n'étaient que cris, imprécations, auxquels succéda un silence tout plein d'angoisses.

Fischer avait ouvert la fenêtre de sa maison et s'y tenait debout, ayant à ses côtés un vieux domestique et sa fille derrière lui. Cinq hommes se dirigèrent de ce côté et se mirent à ébranler la porte. Aussitôt Fischer et son domestique, s'étant munis des armes qu'ils purent trouver, se préparèrent à défendre courageusement leur vie ; Marie elle-même avait saisi une petite hache, qui pouvait devenir une arme dangereuse entre ses mains, car elle était courageuse et forte autant que belle.

Enfin la porte céda sous les coups des envahisseurs ;

les deux premiers qui se présentèrent roulèrent à terre, blessés à mort. Mais Jean Erbe marchait derrière eux avec son neveu. Le courageux Strasbourgeois reconnut son ennemi : il tenait une longue hallebarde, encore toute rougie de sang ; l'arme terrible, lancée par sa main vigoureuse, transperça la cotte de mailles de Jean et lui fit une légère blessure à l'épaule : le bandit chancela et alla tomber en dehors du seuil. Deux nouveau-venus se précipitèrent sur Fischer. Lorsque Jean reparut pour arrêter leur fureur, il était déjà trop tard : Fischer était gravement blessé et son domestique gisait privé de vie à côté de lui.

Quant à Marie, si courageuse qu'elle fût, elle était femme ; l'horreur de cette scène glaça ses sens et elle se laissa désarmer sans résistance...

Un quart d'heure avait suffi à la troupe féroce pour jeter la désolation dans cette métairie, naguère si paisible et si prospère... Partout on ne voyait que cadavres, meubles brisés, animaux errants, femmes éplorées, et, par ci par là, quelques groupes de bandits autour d'un tonneau défoncé ou d'une armoire mise au pillage.

La voix redoutée du chef se fit enfin entendre : l'ordre du retour fut donné et mis à exécution sans retard, chacun emportant du butin le plus qu'il pouvait.

Quant à Jean lui-même, sa part de proie, c'était sa vengeance satisfaite, et cette belle jeune fille qu'il fit placer sur une voiture, ayant à côté d'elle son père, blessé, sanglant et ne donnant signe de vie qu'à peine. A côté d'elle cheminait Frédéric, qui s'efforçait de la rassurer et l'aidait à alléger les souffrances du vieillard. Jean marchait en tête de la colonne, soucieux, préoccupé.

S'il eût été de ces brigands véritables, de ces hommes pour lesquels le crime est un jeu, et les lois les plus saintes, une lettre morte, sa joie eût été sans mélange. Mais Jean n'était pas assez corrompu pour que la voix du remords et celle de l'honneur ne se fissent plus entendre dans le fond de son âme. Quoi qu'il fît, il ne pouvait étouffer le cri de sa conscience, et quand son regard se promenait sur les misérables qui l'entouraient, il était forcé de s'avouer qu'il avait fait entrer le déshonneur dans le château de son père, en y introduisant cette troupe infâme... Oui, sa victoire était complète, mais elle commençait à lui peser étrangement. Fischer surtout le gênait... Il eût fallu, se disait-il, le prendre sain et sauf, ou le laisser mort sur la place... Mort, il eût rejeté ce crime sur l'un des siens et l'aurait puni, donnant ainsi une facile satisfaction à sa fille... Sain et sauf, il s'en fût fait une arme, pour séduire le père et la fille par la reconnaissance ou la terreur, leur représentant qu'il les avait sauvés par amour pour elle, et qu'il pouvait les tuer, s'ils dédaignaient cet amour... Mais Fischer, blessé, mourant, devenait plus menaçant par sa faiblesse même, car il n'avait rien à risquer et il pouvait, sans crainte, animer sa fille contre son vainqueur, et lui représenter que le titre de châteleine était une honte, lorsqu'en l'acceptant, ou devenait l'épouse d'un ennemi de la patrie...

Cependant on était entré dans la sombre cour du château. Jean s'avança pour aider Marie à descendre de voiture. Elle le repoussa d'un geste empreint d'horreur et fit signe à Frédéric de s'approcher. Il est des âmes que le malheur abat ; il en est d'autres auxquelles il donne une énergie inattendue : l'âme de Marie était de cette trempe.

Quand elle fut à terre, s'adressant à Jean, qui la re gardait, incertain entre l'amour et la colère :

— Qu'allez-vous faire de nous? lui demanda-t-elle. Est-ce pour l'achever ici que vous avez fait amener mon père ?...

— Non, répondit-il; j'avais défendu qu'on lui fît aucun mal, non plus qu'à vous... Lui seul est cause de ce qu'il souffre.

Si pure que soit une femme, elle ne se méprend jamais sur les sentiments qu'elle inspire. En un instant, Marie devina l'impression qu'elle avait produite dès la veille, et qu'elle produisait encore sur l'homme terrible aux mains duquel elle était tombée. Il y avait, d'ailleurs, dans la contenance embarrassée de Jean en face d'elle, dans le son de sa voix, dans l'air radouci de son visage, quand il lui parlait, mille indices auxquels elle ne pouvait se tromper : il l'aimait !... Cet amour devait être pour elle ou un nouveau péril, ou un dernier moyen de salut. Elle résolut de tout faire pour qu'il en fût ainsi; avant tout, elle comprit qu'il ne fallait pas irriter ce terrible vainqueur; le plus prudent était de faire appel aux sentiments d'honneur qui pouvaient encore subsister dans son âme.

— S'il est vrai, dit-elle, que mon père ait été frappé contre votre volonté, prouvez-le moi en me permettant de rester auprès de lui et de le soigner.

— Telle est mon intention, dit Jean; rien de ce que vous demanderez à cet effet ne vous sera refusé.

Fischer fut aussitôt transporté dans une grande salle, où l'on posa un premier appareil sur ses blessures, qui se trouvèrent moins graves qu'on n'aurait pu le craindre.

Jean, quoique blessé lui-même, resta quelque temps auprès de lui, ne parlant pas, mais attachant sur

Marie un regard qui la confirma de plus en plus dans ses soupçons.

Enfin le vieillard s'endormit, sans avoir pu rassembler ses souvenirs, ni prononcer autre chose que quelques mots entrecoupés, tant sa faiblesse était grande.

Jean alors se retira, en adressant de nouveau quelques mots de regrets à Marie, qui feignit de les accueillir avec reconnaissance. Puis, lui présentant la main, il attendit qu'elle y déposât la sienne ; mais elle se contenta de tourner ses yeux, remplis de larmes, vers le lit où gisait son père. Jean comprit ce geste muet : il y avait dans ce regard quelque chose de si navrant et de si doux qu'il se sentit lui-même ému jusqu'au fond de l'âme par tant de douleur unie à une dignité si naïve et si noble.

Quand il fut parti, Marie respira plus à l'aise, mais, durant toute cette nuit, le sommeil ne ferma pas ses yeux. Trop de malheurs étaient descendus sur elle à la fois, et l'avenir lui inspirait des craintes trop vives... Qu'allait-elle en effet devenir, que deviendrait son père, si la Providence ne les délivrait des mains de cet homme, avant que le charme par lequel elle le retenait fût rompu ?...

IV.

Le lendemain, au moment où le soleil levant commençait à dépasser les sommets de la Forêt-Noire et lançait ses premiers rayons sur la vallée du Rhin, un jeune homme, à l'air jovial et franc, s'acheminait au trot de sa monture sur la longue route qui conduit de Strasbourg à Drüsenheim. Doucement bercé par l'allure nonchalante de sa vieille jument, il fredonnait une chanson joyeuse qui charmait pour lui les ennuis de la solitude. Ce matinal voyageur était le jeune parent de Fischer, qui déjà trouvait la route un peu longue et s'impatientait de perdre ainsi sur le chemin quelques heures d'une journée dont la fin lui paraissait déjà trop près d'arriver.

Enfin il aperçut la ferme et la grande allée de chênes, déjà jaunissante, mais majestueuse et belle encore. Cependant aucun bruit ne frappait son oreille ; son œil n'apercevait personne : il y eut là pour lui un premier mécompte, qui l'impatienta d'abord et finit par le jeter dans une vague inquiétude ; il s'était flatté de l'espoir de voir Marie venir avec son père à sa rencontre. Pour pénétrer plus tôt ce mystère, il donna un coup de fouet à sa monture qui se lança au galop dans la grande allée.

A peine en avait-il franchi la moitié, il vit les portes brisées, et toutes choses dans un tel désordre, qu'il recula d'horreur. Quand il pénétra dans la maison où Fischer avait couché la veille, une indicible terreur s'empara de lui : le cadavre du domestique étendu sur le sol, les armoires défoncées, les traces de sang qui souillaient le seuil, tout lui fit supposer qu'une bande de brigands avait assassiné ceux qu'il croyait trouver joyeux et pleins de vie.

Il s'élança vers la ferme pour s'y informer de l'horrible vérité, s'il restait encore quelqu'un qui pût la lui dire. Ce ne fut pas sans peine qu'il y trouva quelques femmes encore glacées par l'effroi et blotties derrière des tas de paille dans un grenier. Ces malheureuses lui firent en pleurant le récit de ce qui s'était passé durant la nuit. Au milieu de tant d'horreurs, une circonstance lui donna pourtant une faible consolation: Marie vivait encore et Jean avait paru la traiter avec quelques égards. Quant à Fischer, que l'on avait vu transporter à côté d'elle dans la voiture, les femmes ne purent dire à Carl jusqu'à quel point il était blessé.

En apprenant que sa fiancée était tombée au pouvoir de Jean, que Fischer, qu'il aimait comme un père, était mourant peut-être, Carl se sentit pris d'un désespoir si grand, qu'il resta quelque temps sans pouvoir changer de place ni prononcer une parole.... Enfin la raison et le courage lui revinrent et, résolu de tout tenter pour sauver ceux qu'il aimait, il s'élança sur un cheval qui paissait en liberté dans la prairie et reprit au grand galop la route de Strasbourg....

Deux heures plus tard, il arrivait sur la Pfaltz, au moment où la foule la traversait pour se rendre à la messe. La sueur qui couvrait le cheval, la physionomie bouleversée du jeune homme attirèrent tous les regards. Mais lui, sans se préoccuper de l'attention dont il était l'objet, continua sa course jusqu'à la porte du grand bâtiment qui était alors le centre de la vie politique dans la cité. Quelques-uns des principaux magistrats se tenaient sous le portail. Carl leur fit en peu de mots le récit de ce qui s'était passé.

Par l'ordre de l'ammeister, le tocsin fut aussitôt mis en branle. A cet appel solennel, la ville tout entière fut en émoi et l'on vit accourir au palais du gouvernement tous les magistrats et les bourgeois, tandis que la foule stationnait sur la place, anxieuse et impatiente de savoir quel malheur menaçait la ville.

Peu d'instants après, les principaux de la cité étant tous réunis dans la grande salle, l'ammeister réclama le silence et Carl répéta devant l'assemblée le récit qu'il avait déjà fait.

Quand on apprit le nouveau crime de Jean Erbe, quand on sut que sa main audacieuse s'était portée sur l'un des hommes les plus estimés de la cité, un cri d'indignation et de fureur s'élança de toutes les poitrines : tous s'écrièrent qu'il fallait sur le champ rassembler les milices de la ville, marcher sur le repaire du bandit, lui arracher sa proie et tirer de lui une vengeance exemplaire. Ces ordres furent immédiatement mis à exécution et, dès l'instant même, Strasbourg se prépara à venger la mort de ses fils et le mépris de ses droits....

V.

Que faisait, durant ce temps, la belle et triste captive dans le château de son ravisseur ?.... A genoux près du lit de son père qui sommeillait encore, elle priait Dieu pour lui et pour elle ; puis se levait et allait jeter par la fenêtre entr'ouverte un regard tout plein d'inquiétude sur cette campagne où pas un défenseur ne se montrait encore. Seuls, les sons de la cloche matinale venaient frapper son oreille. Hélas ! à cette heure même, elle aussi, doucement appuyée au bras de celui qu'elle aimait, elle eût dû se mêler à la foule pieuse qui se dirigeait vers l'église.... Mais non, ce beau rêve était évanoui ! La voix des bandits, qui chantaient au-dessous d'elle, dans la cour, lui rappelait la triste réalité dans toute son horreur....

Tout à coup, la porte de la salle s'ouvrit et Jean lui-même apparut. Sa figure pâle et énergique était éclairée par un rayon de bonté, qui parut à Marie d'un favorable augure.

— Est-il plus malade ?.... demanda Jean, en s'approchant du lit de Fischer.

Marie fit un signe de tête négatif ; il la prit alors par la main, l'emmena vers la fenêtre et lui dit :

— M'accusez-vous encore de l'avoir tué?

— Non, répondit-elle.

— Croyez-le, continua Jean ; j'aurais tout donné pour qu'il ne lui fût fait aucun mal. Je sais combien vous l'aimez ; j'aurais voulu vous éviter de le voir souffrir, car je vous aime, moi aussi.

Ce disant, il l'attira vers lui.

Elle se dégagea de son étreinte, et se dressant avec fierté :

— Mon père et moi, nous sommes en votre pouvoir. Si vous avez oublié les nobles sentiments de vos aïeux et la piété de votre mère, que tout ce pays respectait, tuez-nous, vous le pouvez ; mais sachez-le, la peur ne me fera jamais accéder à vos désirs, s'ils sont coupables....

Ces mots furent prononcés à demi-voix, mais d'un ton qui n'admettait pas de réplique. Une nouvelle fois, Jean comprit que toute intimidation serait inutile contre cette âme aussi pure que courageuse.

— Vous m'aimez, dites-vous? ajouta-t-elle, en adoucissant le son de sa voix. Puis-je croire qu'un seigneur comme vous épouse une fille de bourgeois?

— Serais-je donc un seigneur, si je n'avais le droit de faire ce que je veux?

— Mais pourquoi, si vous m'aimez, avez-vous tué les serviteurs de mon père, pillé sa maison?.... pourquoi vous êtes-vous exposé à le faire périr lui-même?....

— Pour me venger des Strasbourgeois et vous avoir en ma possession.

— Ce sont là d'étranges moyens pour inspirer l'amour.

— Et que faudrait-il donc faire pour y réussir?....

— Beaucoup de choses que je vous dirai plus tard.... et que vous comprendrez, car vous êtes bon, vous aussi, je le sais, quand vous le voulez.... Mais laissez mon père se guérir d'abord. Aujourd'hui je ne demande qu'une chose : faites en sorte que je puisse me croire dans le château d'un galant chevalier qui respecte les dames, surtout quand elles sont malheureuses.

Jean fit signe qu'il y consentait, et elle, avec une grâce aussi adroite qu'elle paraissait naïve, présenta sa petite main blanche au guerrier, qui sortit plus amoureux, plus soumis que jamais.

Le bruit qu'il fit en se retirant éveilla le vieillard, qui appela aussitôt sa fille :

— Où sommes-nous? lui demanda-t-il.

— Dans le château de Jean Erbe.

Le vieillard souleva son bras en signe de désespoir.

Marie s'efforça de le rassurer, en lui racontant de quelle manière il l'avait traitée jusqu'alors. Puis elle ajouta, non sans rougir :

— Père, une dernière voie de salut s'offre à nous: il m'aime et me l'a dit...

Cette confidence ayant produit un effet tout contraire à celui qu'elle attendait :

— Silence! ô mon père, dit-elle d'un ton suppliant... tous les sentiments d'honneur ne sont pas encore éteints dans le cœur de cet homme, si coupable qu'il soit. Son amour pour moi a été jusqu'ici respectueux.. il sait en outre que son pouvoir ne saurait m'intimider. J'ai confiance que la Providence viendra à notre aide, avant que ses sentiments ne changent.

— Dieu t'entende ! dit le vieillard ; mais, ô mon enfant, demande-lui qu'il se hâte de venir à notre aide!..

La journée se passa presque toute entière sans qu'ils eussent revu Jean ; il revint vers le soir. Un nuage obscurcissait son front et Marie prévit un orage.

— Fischer, dit-il au vieillard, vous sentez-vous assez fort pour supporter le voyage de Strasbourg ?

— Oui, répondit Fischer, si malade que je sois, j'ai hâte d'y rentrer.

— Vous le pouvez dès cet instant, si vous acceptez les deux conditions que je mets à votre départ : Vous direz à vos orgueilleux concitoyens que je m'engage à les laisser désormais en repos, si, de leur côté, ils promettent de me rendre mon titre et d'oublier le passé. Comme gage de votre exactitude à remplir ce message, vous laisserez ici votre fille, que je fais serment de respecter, comme si ma mère était là pour la défendre.

Marie ne put retenir un mouvement d'effroi en entendant ces paroles, et elle attendait, dans la plus grande anxiété, la réponse que son père allait faire.

— Je ne puis accepter ce que vous me proposez, dit Fischer. S'il ne s'agissait que de moi, je pourrais vous pardonner le mal que vous m'avez fait et, en vérité, je vous le pardonne... Mais Strasbourg ne peut agir de même : cette clémence, bonne pour un particulier, serait répréhensible dans une ville où les magistrats doivent veiller au salut de tous et punir ceux qui le menacent... La mort de ceux que vous avez tués ne saurait rester impunie. Strasbourg doit les venger, sous peine de se couvrir de honte. Je ne puis vous offrir qu'une chose, c'est d'intercéder en votre faveur pour obtenir que la punition soit moins rigoureuse.

Soit que l'amour le retînt encore, soit qu'il dédaignait de répondre, Jean sortit sans dire un mot, laissant les deux captifs sous le coup d'une inquiétude extrême.

A peine avait-il quitté la salle, un messager vint lui annoncer que les Strasbourgeois, dont il connaissait déjà les préparatifs, n'étaient plus éloignés de son château que par une faible distance.

Jean appela immédiatement son neveu, s'enferma quelques instants avec lui, et, quand ils se quittèrent, le sort des deux captifs était décidé ; Frédéric était chargé de leur faire connaître les ordres du maître et de les faire exécuter.

Frédéric n'avait pas revu Fischer et sa fille depuis la veille, son oncle lui ayant interdit l'accès de la salle où il les avait fait établir. Une si grande tristesse était répandue sur les traits du jeune homme, que Marie frissonna en le voyant entrer.

— J'ai des ordres pénibles à accomplir, leur dit-il. Mon oncle est irrité contre vous : il m'a commandé de vous conduire dans les souterrains du château... Rassurez-vous, ajouta-t-il en voyant l'effroi de Marie. Je veillerai sur vous et je ferai en sorte que vous n'ayez pas trop à souffrir.

Ces paroles ne purent calmer la jeune fille, qui se mit à fondre en larmes.

— Espérez !... dit alors Frédéric. L'heure de la délivrance est peut-être plus proche que vous ne pensez : les Strasbourgeois seront ici dans peu de temps.

Cette nouvelle produisit sur Fischer et sur sa fille un effet électrique ; un cri de joie sortit de leurs poitrines, et l'on eût dit qu'ils étaient déjà rendus à la liberté.

Frédéric les regarda avec une compassion profonde ; ils s'en aperçurent et pensèrent tout bas qu'il déplorait déjà les malheurs qui menaçaient son oncle.

— Et vous aussi, soyez sans crainte ! lui dit Marie : vous avez été bon pour nous ; nous ne l'oublierons pas.

Frédéric secoua la tête en signe d'incrédulité. Etait-il assez corrompu déjà pour ne plus croire à la reconnaissance ?

VI.

Les ordres de Jean Erbe avaient été accomplis à la lettre : Marie et son père, renfermés dans une vaste salle souterraine, y attendaient, en proie à une inquiétude extrême, que la Providence les arrachât des mains de leur ennemi.

A quel horrible effroi cette inquiétude eût fait place, si leur œil eût pu pénétrer derrière la porte qui s'était refermée sur eux. Placé là par l'ordre de Jean Erbe, un bandit se tenait prêt à les poignarder, si la fortune se tournait contre son maître...

Cependant la nuit était arrivée, et les rayons de la lune, filtrant à travers une étroite fenêtre, éclairaient seuls la vaste salle. Soudain un léger bruit se fit entendre du côté de la muraille qui faisait face à la porte d'entrée. Une autre porte, habilement dissimulée, glissa lentement sur ses gonds, et Frédéric parut.

Un doigt sur ses lèvres en signe de méfiance, il invita Marie à s'approcher de lui.

— Les Strasbourgeois arrivent, lui dit-il à voix basse ; l'attaque va commencer. Lorsque le bruit qui se fera de toutes parts vous annoncera que le combat est engagé sérieusement, fuyez d'ici, par cette porte que je vais laisser entr'ouverte. Un chemin obscur, mais sans danger, vous conduira dans la campagne, suivez-le, et quand vous serez sortis du château, cachez-vous jusqu'à ce que vos amis puissent venir à votre secours....

— Mais mon père ne pourra me suivre, objecta Marie.

— Il le faut, reprit vivement Frédéric, et il disparut en répétant d'un ton plus pressant encore : Il le faut !..

Peu d'instants après, les milices strasbourgeoises ar
rivaient en effet au repaire du bandit. Carl marchait a
premier rang, inquiet, agité, tremblant d'arriver tro
tard.

Enfin un cri de colère et de vengeance sortit d
toutes les bouches ; les sombres murailles du château
toutes garnies de sentinelles, les pont-levis étroitemen
fermés, tout annonçait que Jean était sur ses gardes.

L'attaque commença sur-le-champ; les portes furen
ébranlées par de puissantes machines, les échelle
furent appliquées aux murs, et les Strasbourgeois mon
tèrent à l'assaut au milieu d'un tumulte impossible
décrire.

Mais, si les assiégeants étaient nombreux et braves
les assiégés, auxquels le désespoir donnait un indomp
table courage, profitaient habilement de tous les avan
tages de leur position. Les Strasbourgeois, accueilli
avec fureur lorsqu'ils arrivaient au haut des échelles
roulaient dans les fossés et commençaient à désespére
du succès ; lorsqu'un cri de terreur et de rage retenti
tout à coup au sein même de la place, et le décourage
ment sembla s'emparer de ceux qui défendaient le
murs.

Fidèle à la recommandation que Frédéric lui avai
faite, Marie, dès qu'elle comprit que le combat étai
engagé de toutes parts, détermina son père à pénétre
avec elle dans l'étroit et sombre chemin qui devait le
conduire hors du château maudit.

Appuyé sur le bras de sa fille, le vieillard fit quel
ques pas dans ce sentier, dont l'issue ne se découvrai
pas à ses regards ; mais ses forces l'abandonnèren
tout à coup : il tomba, épuisé de fatigue.

Il y eut là pour Marie un moment de cruelle an
goisse ; devait-elle rester avec son père, exposée à

fureur de leurs ennemis ?... pouvait-elle l'abandonner pour aller chercher un secours incertain ?...

Lui-même la supplia d'agir ainsi et elle partit... Peu d'instants après, elle se trouvait en pleine campagne, libre et hors de la portée de ceux qui pouvaient lui nuire. Frédéric ne l'avait pas trompée : cette voie de salut s'ouvrait au milieu d'un épais massif d'arbres, derrière le château.

Mais que faire dans cet endroit solitaire ?... Marie rassembla tout son courage et, tournant avec précaution autour des hautes murailles, elle parvint, sans être aperçue, jusqu'à un premier groupe de Strasbourgeois qui se reposaient un moment pour retourner ensuite à l'assaut.

Reconnue aussitôt, elle leur dit par quelle voie mystérieuse elle avait pu arriver jusqu'à eux, et les supplia de venir avec elle au secours du vieillard abandonné. On s'empressa de la suivre, et une vingtaine d'hommes se séparèrent avec prudence du gros de la troupe. Guidés par l'intrépide jeune fille, ils arrivèrent auprès de Fischer, au moment où le vieillard allait périr sous les coups du bandit que Jean Erbe avait laissé maître de son sort....

Fischer sauvé, le bandit immolé avant qu'il eût pu jeter l'alarme, les Strasbourgeois pénétrèrent aisément jusqu'à la cour principale, où leur brusque apparition parut si extraordinaire à Jean Erbe et à ses hommes qu'ils perdirent immédiatement courage....

Une heure plus tard, la bannière strasbourgeoise flottait victorieuse sur les murs de celui qui l'avait insultée ; Jean et les siens, étroitement enchaînés, étaient conduits vers la ville, tandis que les vainqueurs s'empressaient autour de Fischer et de sa fille, qui, voyant son père sauvé, son fiancé rendu à son amour et elle-

même, naguère prisonnière et tremblante, maintenant
fêtée, libre, entourée d'hommages, remerciait Dieu et
ne pouvait croire à tant de bonheur.

Mais son âme était trop noble pour que la joie l'eni-
vrât au point de la rendre ingrate. Elle demanda sur-
le-champ et obtint la liberté de Frédéric, se souvenant
ainsi du service important que ce jeune homme lui
avait rendu et de la promesse qu'elle lui avait faite.
Lui-même vint la remercier, et l'on put remarquer
qu'il ne se séparait pas sans regrets de la belle Strasbourgeoise qui lui devait son salut.

Quant à Jean Erbe, son procès se fit peu de jours
après : une forte amende, un long exil, les fortifications
de son château renversées, telles furent les punitions
sévères que la ville lui infligea, et qui apprirent à tous
les seigneurs tentés de l'imiter que l'on devait respecter une cité si prompte et si courageuse à défendre ses
droits.

(Strasbourg, septembre 1864.)